VENTE DES JEUDI 14 & VENDREDI 15 FÉVRIER 1889

HÔTEL DROUOT, SALLE N° 3.

Collection de feu M. Héndl[illegible]

FAIENCES DE DELFT

PORCELAINES DE LA CHINE ET DU JAPON

ORFÈVRERIE

Bronzes — Meubles

OBJETS VARIÉS

EXPOSITION PUBLIQUE

Le Mercredi 13 Février 1889

de une heure à cinq heures.

Me PAUL CHEVALLIER
COMMISSAIRE-PRISEUR
10, rue de la Grange-Batelière, 10

M. CHARLES MANNHEIM
EXPERT
7, rue Saint-Georges, 7.

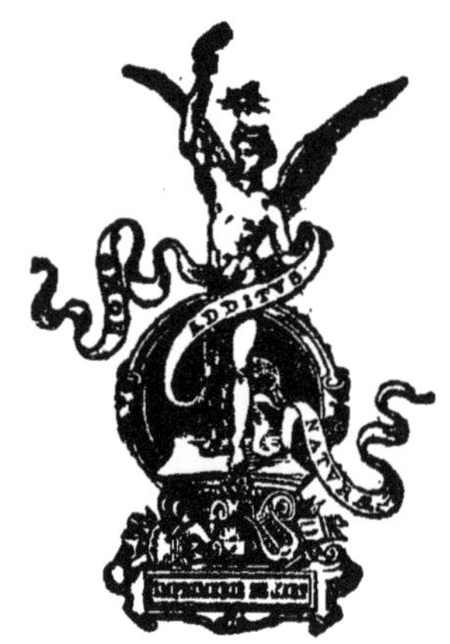
ADDITVS
NATVRA

CATALOGUE

DES

FAIENCES DE DELFT

Belles plaques, Vases, Plats, Assiettes, Groupes Statuettes, etc.

Faïences françaises et autres

BELLES PORCELAINES DE LA CHINE ET DU JAPON

Porcelaines diverses

Orfèvrerie, Objets variés, Bronzes, Meubles

Composant la Collection de feu M. Héndlé

ET DONT LA VENTE AURA LIEU

HOTEL DROUOT, SALLE Nº 3

Les Jeudi 14 et Vendredi 15 Février 1889

A 2 HEURES

Mᵉ PAUL CHEVALLIER
COMMISSAIRE-PRISEUR
10, rue de la Grange-Batelière, 10

M. CHARLES MANNHEIM
EXPERT
7, rue Saint-Georges, 7

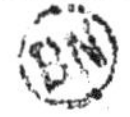

EXPOSITION PUBLIQUE

Le Mercredi 13 Février 1889, de 1 heure à 5 heures.

CONDITIONS DE LA VENTE

Elle sera faite au comptant.

Les acquéreurs payeront, en sus des adjudications, *cinq pour cent* applicables aux frais.

L'exposition mettant le public à même de se rendre compte de l'état des objets, il ne sera admis aucune réclamation une fois l'adjudication prononcée.

Paris. — Imp. de l'Art, E. Ménard et Cie, 41, rue de la Victoire.

DÉSIGNATION DES OBJETS

PLAQUES EN FAIENCE DE DELFT

1-2 — Deux plaques de forme contournée, à rebord saillant, décorées en couleurs d'un traîneau attelé d'un cheval et de personnages se détachant sur un fond de paysage en camaïeu bleu. Sur le rebord saillant, des rinceaux polychromes sur fond chamois.

3 — Plaque de forme contournée, à bordure rocaille polychrome en relief, décorée d'un bouquet en camaïeu violet rehaussé de vert.

4-5 — Deux plaques de forme contournée, à bordure rocaille polychrome en relief, décorées de rameaux fleuris en couleurs. En haut, un mascaron en camaïeu bleu.

6 — Plaque en forme de losange à angles concaves et à bordure en relief, décorée en camaïeu

bistre clair, rehaussé de vert et de jaune, d'un personnage en costume Louis XV, assis et tenant une canne. La bordure se compose de rocailles en bistre clair et de branchages polychromes.

7-8 — Deux plaques de forme contournée, à bordure rocaille verte en relief, décorées chacune, en diverses couleurs, de trois femmes et d'un enfant, dans le goût chinois. Sur la bordure, quatre coquilles.

9 — Plaque de forme contournée, à rebord en saillie, décorée de branchages fleuris et d'oiseaux polychromes dans le goût chinois. Sur le rebord, des rinceaux fleuris polychromes, sur fond bistre, et quatre coquilles.

10 — Plaque de forme contournée, à rebord saillant, décorée dans le goût chinois et en couleurs de branchages fleuris, d'oiseaux, de papillons et d'un personnage auprès d'une haie. Sur le rebord, des rinceaux rouges sur fond jaune.

11-12 — Deux plaques de forme contournée, à bordure rocaille polychrome en relief, décorées d'une gerbe de fleurs en couleurs.

13 — Plaque de forme contournée, à bordure rocaille verte en relief, décorée d'un paysage dans le goût chinois en camaïeu bleu. Sur le rebord, quatre coquilles.

14 — Plaque rectangulaire décorée, en camaïeu bleu, d'une scène chinoise à trois personnages. L'encadrement saillant est orné de fleurs et de fruits polychromes en relief.

15 — Plaque rectangulaire décorée, en camaïeu bleu, d'un paysage entouré de rinceaux et d'ornements rocaille. L'encadrement saillant est orné de rinceaux fleuris en camaïeu bleu et porte un anneau de suspension.

16-17 — Deux petites plaques de forme contournée, à rebord saillant, décorées en camaïeu rouge, rehaussé de bleu et de vert, d'un lambrequin surmonté d'une fontaine accostée de deux perruches. Sur le rebord, des feuilles et un anneau de suspension.

18-19 — Deux petites plaques de même forme que les précédentes et de même dessin, mais décorées en camaïeu gros bleu rehaussé de rouge.

20-21 — Deux petites plaques de forme contournée et à rebord saillant, décorées en couleurs d'un panier de fleurs. Sur le rebord, des quadrillages et des fleurs sur fond pointillé et des attributs chinois, et anneau de suspension.

22-23 — Deux petites plaques de forme contournée, à rebord saillant, décorées en couleurs de branchages et d'oiseaux dans le goût chinois. Sur le rebord, des rinceaux fleuris, avec réserves de fleurs et anneau de suspension.

24-25 — Deux plaques carrées à angles évidés en forme d'accolade et rebord saillant, décorées en camaïeu bleu, rehaussé de bistre, d'une scène champêtre dans un encadrement de rinceaux, de coquilles et d'ornements rocaille.

26 — Plaque de forme ovale contournée, à rebord saillant, décorée en couleurs de trois personnages en costumes Louis XV, dans un jardin. En bas, deux bergers faisant paître leur troupeau; sur le rebord, des fleurs polychromes.

27-28 — Deux plaques de forme allongée et contournée, à rebord saillant, décorées en couleurs d'une gerbe de pivoines réunies par un ruban. Sur le rebord, des pivoines et des ornements rocaille, sur fond bleu et jaune.

29 — Plaque de forme contournée, à rebord saillant, décorée en couleurs, dans le goût chinois, de deux personnages debout auprès d'une haie et d'arbustes sur lesquels sont posés deux oiseaux. Sur le rebord, un quadrillage interrompu par des fleurs et quatre coquilles.

30 — Plaque de forme contournée, à rebord saillant, décorée en couleurs d'un lambrequin surmonté de trois mascarons supportant chacun un vase de fleurs autour desquelles voltigent des oiseaux. Sur le rebord, des rinceaux et des pointillés polychromes.

31-32 — Deux plaques de forme contournée, à rebord saillant, décorées en camaïeu bleu d'un paysage avec cours d'eau, personnage et animaux, réservé sur un fond gros bleu orné de rinceaux fleuris polychromes. Sur le rebord, quatre coquilles et des rinceaux comme sur le fond.

33 — Plaque rectangulaire décorée en camaïeu

bleu d'un paysage avec cours d'eau et moulin, bordé en bas de rinceaux fleuris : l'encadrement faisant saillie présente des ornements polychromes sur fond brun.

34-35 — Deux plaques carrées à angles concaves, décorées d'une femme vêtue d'un costume Louis XV, tenant une fleur à la main et assise près d'un vase à fleurs, le tout en camaïeu bleu rehaussé de jaune et de vert : le rebord saillant est orné sur fond gros bleu d'un rinceau jaune et rouge.

36-37 — Deux plaques carrées à angles concaves, décorées en couleurs d'un panier de fleurs encadré dans une bordure de quadrillages, de coquilles et de lambrequins dans le goût rouennais : sur le rebord saillant, des quadrillages interrompus par des réserves de fleurs.

38-39 — Deux plaques octogonales, décorées d'un paysage en camaïeu bleu compris dans un médaillon polychrome, composé de lambrequins et de paniers de fleurs dans le goût rouennais : le rebord saillant est orné de rinceaux sur fond bleu.

40 — Plaque ovale à bordure rocaille polychrome en relief, décorée d'un personnage vu à mi-corps en bistre et contenu dans une réserve carrée, se détachant sur un fond de rinceaux fleuris polychromes.

41 — Plaque carrée à angles concaves, décorée en couleurs d'une vasque en forme de nef d'où s'échappe une gerbe de fleurs, et de deux petits vases faisant partie de l'encadrement. Ce dernier se compose de rinceaux et d'un médaillon contenant un paysage chinois : le rebord saillant est orné de rinceaux et, à ses angles, d'attributs chinois.

42 — Plaque carrée à angles concaves, décorée d'un groupe de quatre personnages en camaïeu bleu, compris dans une réserve formée de lambrequins et de quadrillages polychromes : le rebord saillant est orné de rinceaux polychromes avec quadrillages peints en rouge aux angles.

43-44 — Deux plaques carrées à angles concaves et à rebord saillant, décorées d'un paysage, de rochers, de fleurs et d'oiseaux dans le goût chinois et polychromes : un rinceau polychrome court sur le rebord.

45-46 — Deux plaques carrées à angles concaves, décorées d'une bordure rocaille polychrome en relief et de paysages en camaïeu bleu, composés l'un d'une église sur le bord d'un fleuve, l'autre de pêcheurs relevant un filet.

47 — Plaque de même forme que les précédentes avec bordure rocaille polychrome en relief encadrant une gerbe de feuilles et de fleurs polychromes.

48 — Plaque rectangulaire à angles arrondis, ornée d'une bordure rocaille polychrome en relief et décorée d'un personnage debout jouant avec un chien, en camaïeu bleu et compris dans une réserve de rinceaux et quadrillages de même nuance.

49 — Plaque de forme analogue bordée d'ornements rocaille et de fleurs polychromes en relief, et décorée en bleu d'un vase à fleurs.

50 — Plaque carrée à angles concaves et à rebord en saillie, décorée d'une coupe peinte en bleu d'où sortent des fleurs polychromes : le rebord saillant est orné de petits lambrequins sur fond vert et jaune.

51 — Plaque de même forme, décorée d'un panier peint en vert d'où s'échappe en haut et en bas une gerbe de pivoines et de myosotis et autour duquel voltigent deux papillons : le rebord en saillie est orné de fleurs polychromes sur fond vert.

52-53 — Deux plaques carrées à angles coupés, décorées chacune de branches et d'oiseaux polychromes dans le goût chinois ; dans un angle est un personnage en camaïeu bleu près d'une haie : le rebord saillant est orné de quadrillages interrompus par des réserves contenant des rinceaux polychromes.

54 — Plaque en hauteur. Au centre, un paysage avec berger et moutons en camaïeu bleu, encadré de fleurs arabesques polychromes.

55-56 — Deux plaques de forme contournée en largeur, à décor bleu. Au fond, un paysage encadré d'ornements en relief. Elles sont garnies chacune de deux branches porte-lumières en fer forgé.

57-58 — Deux plaques à angles rentrants et

arrondis, décorées chacune d'une corbeille de fruits et de fleurs polychromes. Cadre noir et or.

FAIENCES DE DELFT

59 — Statuette de Chinois assis et reposant sur une base à gorge, le tout à décor polychrome.

60 — Statuette de hussard debout, décor polychrome.

61 — Deux flambeaux composés chacun d'une figurine de Chinois assis tenant un dauphin. Décor polychrome.

62 — Deux assiettes, décor polychrome. Au fond, une corbeille de fleurs et de fruits; au marli, trois branches fleuries.

63 — Pot sphérique simulant l'osier, à branches fleuries en relief et couvercle découpé à jour. Décor polychrome rehaussé de dorure.

64 — Flambeau à tige et base carrées, décoré d'ornements et de fleurs en bleu, vert et rouge.

65 — Statuette de renommée disposée pour recevoir une trompette, décor polychrome.

66 — Autre statuette : Arlequin debout, la tête dans une large collerette carrée émaillée jaune.

67 — Statuette de Chinois agenouillé tenant une coquille, décor polychrome.

68 — Deux statuettes polychromes : Paysan et paysanne assis.

69 — Deux petites consoles-appliques, modèle rocaille et décor polychrome.

70 — Lion couché tenant une sphère, sur socle oblong adhérent.

71 — Beurrier octogone, décor polychrome à paysages et ornements rehaussé de dorure. Le couvercle est surmonté d'une feuille et d'un colimaçon.

72 — Petite bouteille à pans décorée de branches fleuries polychromes et rehaussées de dorure.

73 — Petit pot de pharmacie à décor polychrome rehaussé de dorure. Inscription pharmaceutique

contenue dans un cartouche flanqué de deux cerfs et surmonté d'une corbeille de fruits.

74 — Théière formée d'une poule et de ses poussins, à décor polychrome.

75 — Deux groupes à décor polychrome : Paysan et paysanne en train de traire une vache.

76 — Potiche à décor polychrome à arbustes, fleurs et lambrequins.

77 — Deux assiettes à fond jaune avec rosaces au centre et réserves de fleurs en bleu et rouge.

78 — Plat rond à décor bleu. Au fond, fleurs arabesques et animal fantastique. Au marli, six réserves fleuries et quadrillages.

79 — Deux assiettes à décor bleu. Au fond, sujet familier dans le goût chinois. Au marli, quatre petits paysages avec personnages et animaux.

80 — Deux gourdes à pans à décor de fleurs et d'ornements en bleu, vert et jaune.

81 — Flambeau modèle rocaille à décor bleu, à fleurs et ornements.

82 — Petit vase à deux anses, à décor bleu, fleurs et paysages.

83 — Deux petits chiens assis, à décor bleu.

84 — Deux vases ovoïdes côtelés sur piédouche bas, décorés en couleurs de branchages fleuris et d'oiseaux dans le goût chinois; la partie inférieure de la panse porte une bordure de lambrequins; l'épaulement et le piédouche sont ornés de feuillages et de fleurs.

FAIENCES ITALIENNES ET AUTRES

85-86 — Faïence de Perse. Deux plats ronds décorés de branches d'œillets et d'ornements émaillés en couleurs sur fond blanc.

87 — Faïence de Castelli. Deux jolies plaques rectangulaires en hauteur représentant, dans des paysages, des figures mythologiques ainsi que des écussons armoriés soutenus par des génies voltigeant. Cadres à moulures en écaille.

88 — Faïence de Castelli. Deux autres plaques de même forme. Groupes de figures dans des paysages. Cadres en bois sculpté.

89-90 — Faïence de Castelli. Quatre jolies soucoupes décorées de sujets champêtres.

91 — Faïence italienne (?). Quatre plaques carrées à décor polychrome représentant des paysages et des ports de mer. Cadres en bois sculpté de chez Guéret frères.

92 — Faïence de la Frata. Gourde formée de deux aigles aux ailes éployées accolés dos à dos, à détails martelés en relief et émaillés jaune et vert.

93 — Faïence italienne. Gourde lenticulaire, décorée de feuillages et d'ornements polychromes. Elle présente sur une de ses faces un cadran d'horloge simulé.

94 — Faïence italienne. Plaque ovale en largeur. Au fond, un paysage polychrome. L'encadrement est formé de feuilles gaufrées en relief et décorées en jaune sur fond bleu.

95 — Faïence italienne. Deux plaques carrées en hauteur, offrant chacune un paysage avec figures. Cadres en bois noir et moulures dorées.

96 — Deux appliques en forme de violon et à contours, décor bleu à ornements et portant, au centre, un large écusson armorié.

97 — Deux pots à fleurs simulant la vannerie, décorés de fleurs et d'ornements en relief et polychromes sur fond bleuté.

98 — Deux petites cruches à décor bleu à fleurs, rinceaux et écussons.

FAIENCES DE ROUEN

99 — Bannette oblongue à contours et à deux anses. Décor polychrome dit *au carquois* et, au pourtour, ornements quadrillés et fleurs.

100 — Deux assiettes à décor polychrome de Guillibaut. Au fond, une pagode. Au marli, quatre compartiments de fleurs reliés par des quadrillages verts. Au revers, les lettres G. B.

101 — Bannette oblongue et à deux anses de décor analogue. Au revers, les lettres G. A.

102 — Bannette de même forme et de décor analogue, mais sans initiales au revers.

**

103 — Deux petits plats longs à contours, décor polychrome. Haie fleurie, oiseaux et branches de fleurs.

FAIENCES FRANÇAISES DIVERSES

104 — Deux assiettes à bords festonnés, en ancienne faïence de Moustiers, décor polychrome. Au fond, dans un cartouche orné de cariatides, une figure mythologique en camaïeu violet. Au marli, ornements et vases de fleurs.

105 — Plat long à contours en faïence d'Aprey, décor polychrome. Au fond, jeux d'enfants dans un paysage ; au marli, jetées de fleurs.

106 — Plat oblong à contours, en faïence du Midi, décor polychrome. Au fond, jeunes Chinois, se balançant sur un arbre couché ; au marli, oiseau, papillons, haies, etc.

107 — Deux petits plats longs en ancienne faïence de Moustiers, décor polychrome. Au fond, brûle-parfums rocaille, figures d'enfants et arbustes. Au marli, médaillons quadrillés reliés par des branches de fleurs.

108 — Faïence du Midi. Pot cylindrique, décor polychrome à ornements rocaille et fleurs.

109 — Faïence de Marseille. Écuelle à anses plates, décorée de fleurs en camaïeu vert. Elle est accompagnée d'un couvercle décoré de fleurs et d'oiseaux polychromes.

110 — Jardinière formant lustre, composée de deux pièces en faïence décorées d'ornements et de fleurs, de style chinois, reliées par des chaînes et garnies de huit branches porte-lumières en cuivre jaune.

PORCELAINES DE CHINE

111-112 — Deux plats ronds à bord presque droit, en ancienne porcelaine de Chine, décorés en émaux de la famille verte. Au fond, une légère dépression en forme de pêche entourée, dans l'un des plats, de quadrillages, d'imbrications et de fleurs, et, dans l'autre, de réserves à fond imbriqué et quadrillé de rouge avec branches bleues. Le fond général de ce dernier plat simule les flots et est rehaussé de fleurettes en couleurs.

113 — Plat analogue à ceux qui précèdent. Celui-ci a reçu en Hollande un décor polychrome qui consiste en un paysage. La pêche du centre est quadrillée de rouge.

Voir *la Porcelaine de Chine*, par O. du Sartel, page 217, figure 115.

114 — Deux grands plats ronds décorés en bleu d'une rosace dont les huit lobes sont ornés de rameaux sur fond blanc ; le marli comprend quatre réserves de fleurs réunies par des rinceaux fleuris.

115 — Deux petits plats ronds en vieux Chine, décorés de paysages avec cours d'eau au fond et de branches fleuries au marli.

116 — Compotier et assiettes en vieux Chine, décorés au fond d'un large écusson armorié et au marli de quatre petites armoiries reliées par des ornements de style européen, le tout émaillé en couleurs.

117 — Deux compotiers en vieux Chine, décorés de bustes de femmes et de groupes de figures séparés par des galons ornés ; le tout exécuté en couleurs.

118 — Grand et beau plat rond en ancienne porcelaine de Chine, décoré en émaux de la famille rose. Au fond, dans un compartiment octogone, divers vases de fleurs; au marli et à la chute, couronne d'arabesques et fleurs.

119 — Petit plat rond en vieux Chine, décoré en émaux polychromes. Au fond, groupe de personnages sous une tonnelle. Au marli, compartiments de fleurs se détachant sur un fond bleu quadrillé.

120 — Assiette décorée en émaux de la famille rose. Au fond, sujet familier dans le goût européen; au marli, réserves à rosaces sur fond rose relevé de quadrillages au trait.

121 — Deux compotiers en vieux Chine, décorés au centre d'armoiries émaillées en couleurs et au bord d'ornements dorés.

122 — Deux plateaux lobés en vieux Chine, décorés en émaux de la famille rose. Au fond, arbustes fleuris et oiseaux; au pourtour, quadrillages, rosaces et attributs.

123 — Deux plats ronds en vieux Chine, décorés

au fond de poissons variés de nuances et, au marli, de quatre branches fleuries émaillées bleu.

124 — Deux plats ronds en vieux Chine, décorés en émaux de la famille verte ; plantes aquatiques et papillons.

125 — Deux assiettes décorées de personnages en costumes de cour européens dans un paysage. Au marli, trois branches fleuries.

126 — Deux assiettes en vieux Chine, décorées au fond, dans un paysage, d'un double cartouche chiffré. Au marli, couronne d'ornements dorés.

127 — Deux compotiers en vieux Chine, décorés en émaux de la famille verte. Au fond, coupe garnie de fleurs sur un socle carré. Au pourtour, compartiments rayonnants renfermant des paysages et des vases de fleurs.

128 — Deux compotiers à côtes rayonnantes en vieux Chine, décorés en émaux de la famille verte, à arbustes fleuris, rochers et oiseaux.

129 — Deux petits plats ronds à bords godronnés,

en vieux Chine, décorés en émaux de la famille verte à fleurs, ornements et fongs-hoangs voltigeant.

130 — Deux plats analogues à ceux qui précèdent. Ceux-ci présentent, au fond, deux femmes debout dans un paysage.

131 — Deux compotiers en vieux Chine, à décor polychrome, représentant deux personnages sur le seuil d'une habitation,

132 — Deux plats ronds à bords dentelés, décor polychrome, à droite, haie fleurie; au centre et à gauche, personnage et trois tigres.

133 — Deux petits plateaux en vieux Chine, décorés de compartiments de fleurs en émaux de la famille verte.

134 — Deux autres petits plateaux décorés en émaux de la famille rose, à vase de fleurs, ornements et fleurs,

135 — Autre plateau décoré de quatre palmes en émaux de la famille verte.

136 — Plateau à six lobes, décoré de fleurs en émaux de la famille rose.

137 — Plat rond en ancienne porcelaine de Chine, décoré en émaux de couleur et or. Au fond, vase de fleurs, table et modèles. Au pourtour, bordure quadrillée et, au marli, branches fleuries.

138 — Plat rond en ancienne porcelaine de Chine, à marli et chute, à fond bleu fouetté, et marli à quatre réserves fleuries en rouge de fer. Au fond, fleurs et feuillages en rouge et vert.

139 — Deux assiettes en ancienne porcelaine de Chine, décorées en émaux de la famille rose. Au fond, deux femmes au seuil d'une habitation ; au marli, couronne de fleurs.

140 — Quatre assiettes en ancienne porcelaine de Chine, décorées en émaux de la famille verte. Au fond, arbustes fleuris et oiseaux ; au marli, couronne de rinceaux fleuris, réservés sur fond rouge.

141 — Deux plats oblongs, à angles coupés, en ancienne porcelaine de Chine, décorés au fond

de fleurs et d'ornements en émaux de la famille rose, et, au pourtour, de fleurs et de réserves de fleurs se détachant sur un fond bleu clair et quadrillé.

142 — Deux plats longs à bords festonnés, en ancienne porcelaine de Chine, décorés au fond de rochers fleuris et de paons. Le marli présente une couronne de feuillages en bleu.

143 — Petite applique de forme contournée en hauteur, en ancienne porcelaine de Chine, décorée en émaux de la famille rose, à corbeille de fleurs et ornements.

144 — Deux plats ronds en vieux Chine, décorés de fleurs polychromes.

145 — Deux compotiers à bord lobé, en vieux Chine, à décor bleu. Au fond et au pourtour, haies fleuries.

146 — Deux assiettes à décor bleu, rouge et or, dit les Femmes au parasol. Le marli à fond rouge orné présente huit réserves, dont quatre sont occupées par des figures de femmes debout.

147 — Deux assiettes décorées en émaux de la famille rose. Au fond, un bouquet de fleurs ; au marli, six branches fleuries ; à la chute, huit lambrequins à fond noir.

148 — Deux assiettes décorées en émaux de la famille verte et rehaussées de bleu et de rouge. Au fond, bambous, arbustes fleuris, cerf et oiseau. Au marli, ornements et feuillages.

149 — Cornet à panse renflée, en ancienne porcelaine de Chine, décoré en émaux de la famille verte, à fleurs et fongs-hoangs.

150 — Cornet analogue à celui qui précède. Celui-ci est décoré de chimères et d'oiseaux.

151 — Deux potiches en porcelaine de Chine, décorées de branches fleuries et d'écureuils en bleu et rouge de euivre. Elles sont montées en cuivre bronzé.

152 — Cache-pot cylindrique en porcelaine de Chine, décoré de fleurs et de papillons émaillés en couleur sur fond gris bleu.

153 — Deux statuettes d'enfants debout, en vieux Chine, décorées en émaux de la famille verte.

154 — Deux lampes Carcel, montées dans des vases en forme de bouteille, en ancienne porcelaine de Chine, fond bleu fouetté et réserves de modèles également décorés en bleu.

155 — Vase lancelle, en ancienne porcelaine de Chine, décoré de divinités sur les flots, en émaux de la famille rose. Base et gorge en cuivre doré.

156 — Fontaine-applique en forme de demi-vase balustre à côtes, en ancienne porcelaine de Chine, décorée en émaux de la famille verte, à fleurs et ornements. Le robinet s'échappe d'un mascaron. Cette pièce est accompagnée d'un bassin ovale qui présente un décor analogue.

157 — Petit vase en forme de balustre aplati, à deux anses découpées à jour, en ancienne porcelaine de Chine, à médaillons de fleurs et d'oiseaux polychromes encadrés d'ornements bleus. Le couvercle est surmonté d'une chimère assise.

158 — Petite buire en ancienne porcelaine de Chine, décorée de branches fleuries polychromes et avec couvercle en argent.

159 — Deux figurines assises sur des socles hexagones, en ancienne porcelaine de Chine, décorées en émaux de la famille verte.

160 à 162 — Six statuettes en ancienne porcelaine de Chine, variées de dimensions et de décors.

163 — Deux petits groupes en vieux Chine, personnages montés sur des éléphants debout sur des socles oblongs.

164 — Deux seaux à deux anses, forme Louis XV, en porcelaine dite de l'Inde, décorés de fleurs et d'ornements polychromes.

165 — Deux lampes montées dans des vases en vieux Chine, en forme de potiches, décorés de vases et de fleurs en relief et émaillés en couleurs.

166 — Deux flambeaux en ancienne porcelaine de Chine, à décor bleu, paysages et ornements.

167 — Deux bouteilles en ancienne porcelaine de Corée, décorées de fleurs, d'oiseaux et d'ornements émaillés en couleurs.

168 — Deux bouteilles à panse sphérique et col droit, garni de deux anses ajourées, en ancienne porcelaine de Chine, décorées de fleurs en camaïeu bleu.

169 — Deux vases doléiformes en vieux Chine, fond bleu fouetté et réserves de fleurs en bleu.

170 — Deux flambeaux formés chacun d'une figurine d'enfant debout, en vieux Chine, avec vêtement polychrome et monture en bronze doré.

171 — Théière à panse sphérique et à côtes, en ancienne porcelaine de Chine, décorée de fleurs et montée en argent.

172 — Petite bouteille en vieux Chine, décorée de chimères en rouge de cuivre et de rinceaux fleuris et feuillagés en rouge et vert.

173 — Trois flacons à panse sphérique, décorés en Hollande de paysages avec personnages; l'un d'eux beaucoup plus grand que les autres.

174 — Cinq petits plateaux en vieux Chine, variés de formes et de décors.

175 — Petite boîte carrée en porcelaine de Chine, décorée de fleurs et d'une chimère réservées sur biscuit.

176 — Plat octogone à décor bleu, paysage au fond et fleurs au marli.

177 — Écritoire en porcelaine de Chine décorée de fleurs et d'attributs.

178 — Flacon à triple renflement en ancienne porcelaine de Chine, fond chamois sur la panse et double frise d'ornements bleus.

179 — Petit bol en vieux Chine, fond bleu fouetté et réserves de fleurs et d'oiseaux.

180 — Deux petites potiches couvertes, décorées de grappes de raisin, en camaïeu bleu.

181 — Deux petits vases à cols évasés et à angles rentrants, en porcelaine de Chine, décorés en émaux de la famille rose, à réserves de fleurs et fond vermiculé rehaussé de fleurs et de feuillages.

PORCELAINES DU JAPON

182 — Deux plats ronds en vieux Japon, décorés en bleu, rouge, vert et or. Au fond, vase de fleurs et couronne de fleurs, et feuillages au pourtour. Au marli et à la chute, compartiments rayonnants de fleurs et de feuillages, avec entre-deux à fond vert et quadrillé.

183 — Petit plat rond en vieux Japon de belle qualité, à décor en bleu, rouge et or. Au fond, vase de fleurs entre deux chiens et deux médaillons de paysages de forme circulaire. Au marli, compartiments renfermant des fleurs et des palmettes se détachant sur le fond bleu relevé de feuillages dorés.

184 — Compotier en vieux Japon, à décor en bleu, rouge et or. Au fond, une rosace. Au pourtour, branches fleuries entre des réserves circulaires.

185 — Grande potiche couverte en ancienne porcelaine du Japon, à décor en bleu, rouge, vert, jaune et or, rochers fleuris, chrysanthèmes et ornements.

186 — Pot cylindrique couvert, décoré de compartiments renfermant des animaux en couleurs et encadrés de rouge. Dans le bas, frise de rinceaux fleuris.

187 — Bol couvert, à côtes, en ancienne porcelaine du Japon, à décor en bleu, rouge et or, rochers fleuris et ornements.

188 — Petit vase ovoïde à boules saillantes à la partie supérieure de la panse, décor polychrome à fleurs et ornements.

189 — Deux statuettes de femmes debout, en ancienne porcelaine du Japon.

190 — Plateau rond sur piédouche, décoré de fleurs et d'armoiries en bleu, rouge et or,

PORCELAINES DIVERSES

191 — Tasse et soucoupe en vieux Saxe, à bords gaufrés et décorées de fruits, de papillons et d'insectes en couleurs.

192 — Deux groupes en vieux Saxe, composés chacun de deux figures d'enfants. L'un d'eux représente la Peinture et la Sculpture ; l'autre, le Printemps et l'Hiver.

193 — Deux tasses cylindriques avec soucoupes en ancienne porcelaine de Sèvres, pâte dure ; l'une, à fond verdâtre, bordée de rinceaux et de vases polychromes ; l'autre, décorée d'un singe, de papillons, de fleurs et d'insectes.

194 — Théière en porcelaine de Saxe, en forme de poule couchée.

195 — Trois statuettes d'enfants en porcelaine d'Allemagne ; l'une d'elles montée en bronze.

196 — Flacon porte-fleurs en porcelaine d'Allemagne, avec bouchon surmonté d'un aigle.

197 — Assiette en vieux Saxe, décor polychrome rehaussé de dorure. Le fond, semé de fleurettes, présente à son centre un animal fantastique couché. Au marli, paysage de l'Orient avec petites figures.

198 — Assiette en vieux Saxe gaufré à l'imitation de vannerie et décorée dans cinq réserves lobées de paysages polychromes.

ORFÈVRERIE

199 — Noix de coco formant vase et montée en argent gravé et doré, à ornements ; le couvercle est surmonté d'un bélier debout, tenant un écusson. Allemagne, XVIe siècle.

200 — Vase analogue à celui qui précède. Le couvercle de celui-ci est surmonté d'une figurine de guerrier.

201 — Cuillère en argent ciselé à fleurs et gravé à ornements. Travail hollandais.

202 — Deux plats ovales en argent repoussé, présentant au fond des figures mythologiques et au pourtour des rinceaux fleuronnés dans lesquels se jouent des génies. Allemagne, XVIIe siècle.

203 — Deux flambeaux modèle rocaille, en argent. Travail hollandais du XVIIIe siècle.

204 — Gobelet en argent repoussé à bossages, avec bord supérieur et piédouches gravés et dorés, et pied orné de figures et d'ornements en relief. Allemagne, XVIIe siècle.

205 — Gobelet en argent repoussé à fleurs, sur fond doré, et reposant sur trois boules unies. Allemagne, XVIIe siècle.

206 — Petit oiseau debout sur un tronc d'arbre en argent gravé, et reposant sur un pied ovale en argent repoussé à ornements sur fond doré.

207 — Deux petites tasses à vin en argent repoussé à lobes et à deux anses chacune. Allemagne, XVIIe siècle.

208 — Gobelet Louis XVI à bords évasés et à pied bas en vermeil, décoré d'ornements gravés au bord supérieur, et présentant en relief et au pourtour de la panse des branches de vigne et des branches de roseaux alternant.

209 — Service à thé en argent gravé, composé d'une théière, d'un sucrier et d'un pot à crème.

210 — Quantité de pièces en métal argenté, parmi lesquelles un service à thé décoré de fleurs en relief.

OBJETS VARIÉS

211 — Lustre à six lumières en fer forgé et formant jardinière, suspendu par trois chaînes.

212 — Autre petit lustre en fer forgé à six lumières.

213 — Deux bras-appliques à deux lumières en fer forgé, à feuilles et ornements.

214 — Deux petits plateaux carrés à angles arrondis rentrants, en ancien émail de Canton, décorés de paysages avec figures polychromes et encadrés d'ornements.

215 — Lustre en verre de Venise à douze lumières.

216 — Petite boîte ovale en bronze du Tonkin, doré en partie. Le dessus présente des oiseaux et des fleurs en relief.

217 — Joli flacon carré à angles coupés, en verre finement gravé à ornements. XVIIe siècle.

218 — Joli verre à pied, rehaussé de dorure et décoré d'un groupe de personnages dans un paysage gravé en creux.

219 — Lanterne en cuivre jaune de forme carrée, à angles coupés et surmontée d'un dôme.

220 — Miroir Louis XIII, de forme oblongue, à angles coupés et à fronton encadré de cuivre estampé et découpé à jour, à fleurs et ornements. Deux branches porte-lumières de même décor ont été rapportées sur le cadre.

221 — Deux brûle-parfums japonais en bronze, à panse sphérique, décorée de branchages et de dragons, à couvercles découpés à jour et base formée d'une terrasse.

222 — Deux bras-appliques en fer forgé, à une branche porte-lumières, rinceaux et feuillages.

BRONZES D'AMEUBLEMENT

223 — Paire d'appliques Louis XVI en bronze doré, à deux branches porte-lumières, reliées par des festons de laurier.

224 — Paire d'appliques en bronze doré, à une branche s'échappant d'un fleuron.

225 — Paire d'appliques à une branche, de style Louis XIV, ornées de mascarons et de guirlandes de fleurs.

226 — Paire de chenets de style Louis XVI, modèle à vases et festons de laurier.

227 — Deux flambeaux de style Louis XVI en bronze doré, modèle à trépied, orné de têtes de femmes.

228 — Deux chenets Louis XVI en bronze doré, modèle à vases et galeries.

229 — Deux autres chenets analogues à ceux qui précèdent.

230 — Brasero en forme de coupe en cuivre rouge, avec couvercle découpé à jour, reposant sur quatre pieds et garnis de quatre têtes de béliers en bronze doré. XVIIIe siècle.

MEUBLES

231 — Cabinet fermant à deux portes, plaqué d'ébène et d'écaille rouge et à moulures guillochées et saillantes.

A l'intérieur, tabernacle à colonnes détachées et tiroirs plaqués d'écaille et enrichis de peintures à l'huile, scènes d'intérieur dans le goût de Téniers.

Ce meuble repose sur une table à colonnes torses en bois noir. XVIe siècle.

232 — Petite table-bureau en bois de placage, garnie de chutes, sabots, entrées de serrures et boutons en bronze doré, modèle rocaille. Le dessus, à angles arrondis, avec quart de rond en cuivre poli, est garni d'une basane encadrée d'ornements dorés au fer.

233 — Petite glace étroite et à biseaux, avec cadre

en bois sculpté et doré, surmonté d'un vase et de feuillages. Époque Louis XVI.

234 — Petit guéridon Louis XVI, en marbre blanc, bordé d'une galerie de cuivre et reposant sur une tige à trépied, plaquée de bois de citronnier bordé de bois d'amarante.

235 — Autre guéridon à quatre pieds en bois d'acajou et dessus de marbre blanc.

236 — Miroir de style Louis XIII, à fronton, avec cadre en bois, garni d'appliques en cuivre estampé et découpé à jour.

237 — Pendule Louis XVI, à cage en bois d'acajou, garnie de bronzes ciselés et dorés. Mouvement de *Carcel jeune, à Paris.*

238 — Petite commode Louis XV, à deux tiroirs en bois de placage, garnie de bronzes et à dessus de marbre brèche d'Alep.

239 — Table de nuit Louis XVI, en bois d'acajou, à dessus de marbre blanc et pieds cannelés.

240 — Petite table rectangulaire, forme dite tricoteuse, à deux tablettes d'entrejambes et moulures de cuivre poli. Époque Louis XVI.

241 — Petit secrétaire droit du temps de Louis XVI, en bois d'acajou, à angles cannelés et à moulures de cuivre poli. Le dessus est en marbre blanc.

242 — Guéridon octogone à dessus de mosaïque de marbre et pied en bois de citronnier et amarante. Époque Louis XVI.

243 — Petit guéridon de même style, à trois pieds cannelés et dessus de marbre.

244-245 — Deux consoles-étagères en acajou, à dessus de marbre. Époque Louis XVI.

246 — Petite pendule carrée à fronton arrondi, avec socle-applique à consoles, en bois noir, garnie d'ornements et de mascarons en bronze doré.

247 — Deux petites consoles-appliques de style Louis XVI, en pâte dorée, modèle à volute.

248 — Cartel de style Louis XVI, en bois sculpté et doré, modèle à vase et peau de lion.

249 — Petit miroir carré à biseaux, avec cadre doré orné de branches fleuries et de larges feuilles aux angles en relief.

250 — Deux petites consoles-appliques en bois doré, décorées, sur la plaque du fond, d'ornements en relief.

251 — Table rectangulaire de style Louis XIII, en bois de chêne, sur pieds tournés reliés par un entrejambes en X, surmonté d'un vase.

252 — Douze chaises de même style, couvertes en reps brun bordé de drap de nuance analogue.

253 — Deux escabeaux en bois sculpté. L'un d'eux a son dossier composé d'un double aigle héraldique, et l'autre porte les noms de Melchior Schvm et la date 1764.

254 — Petit meuble à hauteur d'appui, en bois sculpté, fermant à une porte avec tiroir au-

dessus. La porte présente un cartouche orné, avec figure debout au centre.

255 — Table rectangulaire de style Renaissance, en bois sculpté, sur pieds et traverse ornés de balustres.

256 — Table-servante à deux tiroirs en bois sculpté, sur pieds formés de colonnes surbaissées et fond plein orné.

257 — Meuble à hauteur d'appui du Tonkin, en bois sculpté, à branches fleuries, animaux et attributs divers.

258 — Meuble en hauteur, de travail chinois, en bois sculpté. Il ferme à deux portes dans la partie inférieure et étagère au-dessus.

259 — Meubles pour salon, salle à manger, chambre à coucher et cabinet de toilette.

www.ingramcontent.com/pod-product-compliance
Ingram Content Group UK Ltd.
Pitfield, Milton Keynes, MK11 3LW, UK
UKHW022147170726
13837UKWH00004B/1825